Reinhold Miller
Leichter lernen: „Du dumme Sau!"
– von der Beschimpfung zum fairen Gespräch

DER AUTOR Dr. Reinhold Miller, geboren 1943, ist nach vielen Praxisjahren als Lehrer jetzt hauptberuflich in der Lehrerfortbildung tätig.

Reinhold
Miller

Leichter lernen:
„Du dumme Sau!"

– von der Beschimpfung
zum fairen Gespräch

Band 20676

Der Taschenbuchverlag
für Kinder und Jugendliche
von Bertelsmann

Umwelthinweis:
Dieses Buch wurde auf chlorfrei gebleichtem
Papier gedruckt.

Gesetzt nach den Regeln der
Rechtschreibreform
Erstmals als OMNIBUS Taschenbuch Oktober 1999
© 1998 AOL Verlag Lichtenau
Eine textlich identische, aber anders gestaltete
Ausgabe dieses Buches erscheint im AOL Verlag
unter dem Titel „Du dumme Sau!"
– Von der Beschimpfung zum fairen Gespräch"
Alle Rechte dieser Ausgabe vorbehalten durch
C. Bertelsmann Jugendbuch Verlag, München
in der Verlagsgruppe Bertelsmann GmbH
Layout und Satz: Herbert Liebich
Innenillustrationen: Rita Reiser
Umschlagbild: Thomas Haubold/Which Art
Umschlaggestaltung: Atelier Langenfass, Ismaning
Umschlagkonzeption: Klaus Renner
Druck: Presse-Druck Augsburg
ISBN 3-570-20676-9
Printed in Germany

10 9 8 7 6 5 4 3 2 1

Inhaltsverzeichnis

„Du dumme Sau!"

Liebe, lieber _____

(Wie heißt du?)

Dieses Heft ist genau richtig für dich, wenn du

– am Thema interessiert bist
– durch Beschimpfungen negativ aufgefallen bist
– wenig davon hältst, andere zu beschimpfen
– dich ärgerst, dass dich eine / einer blöd anmacht
– passende Antworten parat haben willst
– ein Gesprächstraining o.k. findest
– faire Gespräche führen möchtest

Mit Hilfe dieses Arbeitsheftes kannst du lernen
– dich vor Beleidigungen und seelischen Verletzungen zu schützen
– mehr Selbstbewusstsein / Selbstbehauptung zu bekommen
– einfühlsam zu sein – für dich und andere
– ohne „dumme Sau" in Gesprächen weiterzukommen
– bei Streitigkeiten Schlimmeres zu verhindern und selbst nicht gleich handgreiflich zu werden.

Dieses Heft ist völlig überflüssig für dich, wenn du

– ein Gesprächstraining für totalen Schwachsinn hältst
– weiterhin wie bisher andere beschimpfen willst
– kein Interesse an fairen Gesprächen hast
– nichts ändern willst und keinen Bock hast, Neues zu erfahren.

Übrigens: *Prima Tipps habe ich bekommen von meiner Frau, von meiner Tochter, von Wolf Melzer (Lehrer) und seinen Klassen 8c und 10a und von Jutta Berendt, 8. Kl. Realschule. DANKE!*

Über mich und dieses Heft:

Meine Name ist Reinhold Miller. Ich war viele Jahre Lehrer und bin derzeit in der Lehrerfortbildung tätig, arbeite also hauptsächlich mit Lehrer/innen. Einer meiner beruflichen Schwerpunkte ist Kommunikation*, und in diesem Zusammenhang biete ich u.a. auch Gesprächstrainings für Lehrer/innen, Eltern und Schüler/innen an.
Von ihnen habe ich immer wieder gehört, dass sie unfaire, beleidigende, verletzende Gespräche erleben – und dass sie etwas ändern wollen.
Weil es schon viele „Gesprächsbücher" für Erwachsene, aber noch sehr wenige für Schüler/innen gibt, ist dieses Arbeitsheft entstanden.
Es hilft dir, in Gesprächen besser klarzukommen
a) mit dir selbst und mit Gleichaltrigen,
b) mit Erwachsenen (vor allem Eltern, Lehrer/innen).

Zur Benutzung dieses Heftes:

Es hat 12 Abschnitte, mit jeweils folgenden Unterteilungen:
- **eine Seite Beispiele** (zum Aufwärmen)
- **eine Seite Überlegungen** (Hirn-Jogging)
- **eine Seite Informationen** (Wissenswertes)
- **zwei Seiten Aufgaben** (als Training)

Ich habe mich bemüht, das Heft so zu gestalten, dass du alleine, mit anderen in der Gruppe oder auch mit deinen Mitschüler/innen in der ganzen Klasse arbeiten kannst. Wenn du nicht klarkommst, frage einfach deine Lehrerin, deinen Lehrer. Für die Bearbeitung der Aufgaben brauchst du manchmal Papier und Schreibzeug.

Deine Arbeit hat sich gelohnt, wenn du
– erkennst, was in Gesprächen wirklich abläuft
– passend reagieren kannst und dich sicherer fühlst
– (fast) keine Beschimpfungen mehr nötig hast

* *Kommunikation = Botschaft, Nachricht, Mitteilung von*
  Personen

1. „Halt's Maul, du dumme Sau!"

Beschimpfungen im Alltag

Beispiele

● **Auf dem Schulhof, Schüler/innen untereinander:**
– „Du bist doch das größte Arschloch, das hier rumläuft."
– „Du tickst ja wohl nicht richtig."
– „Verpiss dich, du Schlampe."
– „Du Wichser, fick dich ins Knie."
– „Mit Nutten wollen wir nichts zu tun haben."

● **Im Klassenzimmer, Lehrer/innen zu Schüler/innen:**
– „Du gehörst in den Wald zum Holzhacken."
– „Dafür bist du ja viel zu blöd."
– „Du bist ja ein Fall für den Psychiater."
– „Wenn ich dich sehe, fürchte ich um meine Pension."
– „Ihr seid nichts und aus euch wird auch nichts."
– „Du taugst ja nur für die Müllabfuhr."
– „Du geistige Magersucht, du Pickelface."

● **Zu Hause, Eltern zu Kindern:**
– „Du fauler Sack, hast wieder nichts gelernt."
– „Komm mir ja nicht mehr unter die Augen."
– „Du bringst mich noch ins Grab."
– „Mensch, hau ab, du Störenfried."
– „Ich will dich nicht mehr sehen, du Trottel."

● **Im Fernsehen, bei Talkshows:**
– „Das ist doch völliger Quatsch, was Sie da sagen."
– „Wie kann man nur so blöd sein …"
– „Also, mir reicht jetzt Ihr Geschwafel!"
– „Den Scheiß können Sie für sich behalten."
– „Dümmer geht's wohl nicht."

Überlegungen

1. Stell dir vor, du bist von deinen Mitschülern oder von einem Lehrer, einer Lehrerin so beschimpft, beleidigt worden, wie du es soeben gelesen hast. Kreuze bitte an:

a) Das ist für mich normal und
   macht mir nichts (mehr) aus.   ☐

b) Ich fühl' mich ziemlich getroffen und bin geschockt.   ☐

c) Am liebsten würde ich genauso antworten
   (also mit Worten „zurückschlagen").   ☐

2. Wenn du jemanden ziemlich beschimpfst, beleidigst:

a) Wie geht's dir selbst dabei? . . . .

b) und hinterher?   . . . .

c) Was vermutest du:
   Wie geht's deinem Gegenüber? . . . .

3. Was meinst du zu den folgenden Sätzen?
Die Würde des Menschen ist unantastbar.
(Artikel 1, Grundgesetz)

Wer den Krieg gewohnt ist, für den ist der friedliche Mensch ein Spinner.

Wie du mir, so ich dir! Aug' um Auge, Zahn um Zahn!

4. Wie geht es weiter mit Sven und Tobias?

Sven:	*Tobias:*
„Du Blödmann!"	„Du Doofling!"
„Du Versager!"	„Du Streber!"
„Du Scheißkerl!"	„Du Drecksau!"
„Du kannst mich mal …!"	„Du mich auch …"

usw. usw. usw.

Informationen

1. Wenn sich Menschen gegenseitig solche Wörter / Sätze an den Kopf werfen, Vorwürfe machen und Anschuldigungen äußern, dann ist das so, als ob sie – wie im mittelalterlichen Krieg – die „Schwertklingen kreuzen". Ich nenne diese Art des Gesprächs deshalb die

Überkreuz-Kommunikation

2. In dieser Form des Gesprächs sind die Personen Gegner / Feinde.
Keiner sagt etwas über sich selbst aus, sondern nur über den anderen.
Ist dir schon aufgefallen, dass Beschimpfungen in aller Regel mit „**Du** … " beginnen?
(„**Du** blöde Sau, **Du** Arschloch …!")

3. Dieser **Angriffs-Dialog*** fordert die Beteiligten geradezu heraus, sich gegenseitig zu übertreffen. Ein Ende des Gesprächs-
krieges rückt in weite Ferne … und meist sind zum Schluss
alle erschöpft und unzufrieden. Dabei gibt es dann häufig
einen Sieger und einen Verlierer – oder zwei Verlierer, wenn
beide k. o. gegangen sind.
– Bestimmt hast du das selbst schon öfter erlebt, nämlich:

. . . .

4. Es ist sehr schwer, wieder aus dem Clinch herauszukommen,
wenn man mal hineingeschlittert ist. Zudem gibt es durch
diese seelischen Verletzungen Wunden – und die lassen Nar-
ben zurück, die nicht so ohne weiteres vergessen werden können. (Die Rache ist schon vorprogrammiert!)

* *Dialog = Gesprächs-Ping-Pong zweier oder mehrerer*
           Personen

Aufgaben

**1. Beobachte streitende Personen, wenn sie die „Gesprächs-
Schwertklingen" kreuzen**
(auf dem Schulhof, im Klassenzimmer, zu Hause, in Filmen …):

a) Ihre Körperhaltung: . . . .

b) Ihre Gestik: . . . .

c) Ihre Stimme: . . . .

d) Sie sagen: . . . .

e) Sie reagieren: . . . .

f) Was glaubst du, wie geht's ihnen hinterher? . . . .

g) Was war das Ergebnis? Wie ging's weiter? . . . .

2. Du selbst bist in „kriegerische Gesprächssituationen" hineingeschlittert.

a) Wie ist es dazugekommen? ....

b) In welcher Stimmung warst du selbst? ....

c) Was war das Endergebnis? ....

3. Suche dir einen Gesprächspartner und einen „Helfer";
ihr seid A und B und sitzt euch gegenüber. A beschimpft, erhebt Vorwürfe und Anschuldigungen ... C erinnert notfalls an die Regeln und daran, dass es sich um ein Rollenspiel handelt! Die Spielregeln dabei sind folgende:

(1) B hört zu.

(2) B kann jederzeit STOPP sagen.

(3) B gibt keine Antworten.

(4) B sagt hinterher, wie er sich fühlt.

(5) Dann Wechsel: B beschimpft, ... A hört zu ... usw.

(6) Abschließend: Probiert mal ein Gespräch ohne Beschimpfungen ...!

Eure Erfahrungen? ....

. . . .

. . . .

. . . .

. . . .

4. **Beobachte im Fernsehen (oder in deinem Alltag), was passiert, wenn Menschen sich gegenseitig Beschimpfungen um die Ohren schlagen.**
   (Achte auf das „**Du** bist ja …" - „**Du** hast …" oder: „**Sie** sind …")

   Notiz: . . . .

5. **Probier Folgendes aus:**
   a) Stell dir eine Situation vor, die dich auf 100 gebracht hat (z. B. schlechte Note bekommen; vom Lehrer ungerecht behandelt worden; mit der Freundin, dem Freund Zoff gehabt …).
   b) Und nun leg los und lass Dampf ab = Was ich jetzt am liebsten sagen würde (oder schon gesagt habe).
   c) Notiere diese Ausdrücke, Beschimpfungen, Sätze …
   d) Stell dir vor, es ist eine Stunde später: atme einige Male tief durch und notiere Sätze, die du jetzt aus der Ruhe heraus und im zeitlichen Abstand sagen würdest.
   e) Vergleiche: Hast du jetzt etwas anders notiert, als du vor einer Stunde gesagt hast – oder sind deine Aussagen gleichgeblieben?

   Deine Schlussfolgerungen: . . . .

   . . . .

   . . . .

6. **Deine Beobachtungen / deine Erfahrungen:**
   a) Lehrer X rastet immer aus, wenn . . . .

   . . . .

   b) Lehrerin Y geht an die Decke, wenn . . . .

   . . . .

   c) Mein Kumpel Z macht mich fertig, wenn . . . .

   . . . .

d) Meine beste Freundin motzt mich an, wenn . . . .

. . . .

d) Meine Mutter/mein Vater scheißt mich zusammen, wenn .

. . . .

e) Ich selbst lass die Sau raus, wenn . . . .

. . . .

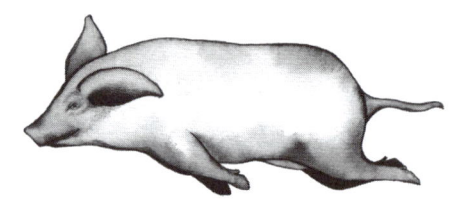

2. „Jetzt komm ich dran.“

Ich- und Du-Botschaften

Beispiele

1. Andreas hat im Musiktest (bei mir als seinem Musiklehrer) einen Fünfer bekommen. In der großen Pause habe ich Hofaufsicht. Zufällig komme ich an Andreas vorbei und höre, wie er zu seinen Mitschülern sagt: „Der Miller ist doch das größte Arschloch von der Schule.“ Ich gehe zu ihm hin und sage: „Hast du so 'ne Wut auf mich!?“ Verblüfft guckt er mich an, schweigt zuerst und sagt dann zögerlich: „Ja, und wie!“
   Ich fordere ihn auf: „Dann sag's!“ – dreh mich um und gehe weiter …
   Später, im Klassenzimmer, sprechen wir dann alle miteinander über diesen Vorfall und darüber, wie wir uns mitteilen, vor allem, wenn wir uns ärgern, eine Wut haben, enttäuscht sind (z. B. wegen einer Note)… und dass wir uns nach dem Beschimpfen entschuldigen (was Andreas mir gegenüber dann vor der Klasse auch – freiwillig! – getan hat).

2. Zeugnisausgabe: Ich frage meine Schüler/innen, 7. Klasse, wie es ihnen wohl gehen würde, wenn sie das Zeugnis daheim herzeigen. „O je“, sagt Thomas, „da scheißt mich mein Vater bestimmt wieder zusammen, wenn er meine Noten sieht.“ – Stille – Plötzlich sagt Sabine: „Du, ich glaub, der macht sich Sorgen um dich.“ Und Thomas: „Das wär nicht schlecht, wenn er mir das sagen würde.“ Im Gespräch kommen meine Schüler/innen sehr schnell darauf: Wenn Menschen andere beschimpfen, dann steckt dahinter immer etwas, was sie selbst betrifft (Wut, Enttäuschung, Angst …).

3. Während die Schüler/innen, 8. Klasse, das Klassenzimmer verlassen, um nach Hause zu gehen, stößt Abdul Jutta zur Seite und schreit sie an:

   „Hey, du Nutte, hast mit deinem Getue den Lehrer dazugekriegt, dir eine bessere Note zu geben!" – Jutta kommt heulend zum Lehrer.

   Am nächsten Tag wird der Vorfall im Klassenzimmer angesprochen …

   Zum Schluss sagt Abdul zu Jutta: „Ich hab das doch nicht so gemeint. Ich war nur stocksauer auf dich, weil du schon wieder eine Eins in Mathe bekommen hast – und ich nicht. S'tut mir leid; entschuldige!"

Überlegungen

– In der ersten Situation sagt Andreas:

  „… **Du** größtes Arschloch" und meinte eigentlich:

  „**Ich** habe eine Sauwut auf dich."

– In der zweiten Situation scheißt der Vater seinen Sohn Thomas zusammen und meint eigentlich:

  „Fur **mich** ist es eine Blamage, wenn **mein** Sohn ein schlechtes Zeugnis hat."

– In der dritten Situation sagt Abdul zu Jutta:

  „He, **du** Nutte … und meint eigentlich:

  „**Ich** bin stocksauer auf dich …"

1. **Sprich mit anderen in der Gruppe über eure Vermutungen:**

   a) Warum fällt es den drei genannten Personen so schwer, das zu sagen, was sie eigentlich sagen wollen?

   b) Wie sind eure Erfahrungen?

Notizen: . . . .

. . . .

. . . .

. . . .

2. Notiere, was in dir vorgeht (Gedanken, Gefühle…), wenn jemand zu dir sagt:

„Es ist schwer für mich, Schrift zu lesen."

„Mit deinem Geschmiere gebe ich mich erst gar nicht ab."

. . . .

. . . .

„Ich ärgere mich über dich, weil Du keine Hausaufgaben gemacht hast."

„Du Penner; du stinkst ja vor Faulheit."

. . . .

. . . .

„Ich bin neidisch auf dich, weil du eine bessere Note geschrieben hast."

„Du Streberin; du willst dich ja doch nur beim Lehrer einschleimen."

. . . .

. . . .

Informationen

In schwierigen und stressigen Situationen neigen Menschen dazu, in das beleidigende und verletzende „**Du** …" zu wechseln. Dabei übersehen sie ihre eigentliche Betroffenheit und scheinen kaum in der Lage zu sein, das zu sagen, was sie eigentlich sagen wollen (siehe „Überkreuz-Kommunikation" S. 12)

Förderlich und besser ist es, von sich selbst zu sprechen (Fachleute sagen dazu entweder „**Ich**-Botschaften" oder **Selbst**-Mitteilung.)

Aus dem …	wird also …
„**Du** Arschloch …"	„**Ich** habe eine Wut auf dich."
„**Du** dumme Sau …"	„**Ich** ärgere mich über dich."
„**Du** tickst wohl nicht richtig."	„**Ich** versteh' dich überhaupt nicht."
„**Du** Blödmann, kapierst du denn das noch immer nicht?"	„**Ich** weiß nicht mehr, wie ich dir das erklären soll."

Das **Du** der Menschen hat also sehr viel mit ihnen selbst zu tun (deshalb **Selbst**-Mitteilung). Diese **Ich**-Botschaften haben den Vorteil, dass sie nicht beleidigend und verletzend sind. Allerdings ist es auch – vor allem in Stress-Situationen – oft sehr schwer, „bei sich zu bleiben" und zu „**Ich**zen"; am liebsten würde man dem anderen „eine reindonnern"!

Wenn dies hin und wieder vorkommt, kann man sich für die

Entgleisung entschuldigen, wie es Abdul getan hat. Schlimm ist es nur, wenn die Beschimpfungen zum Dauerzustand werden – und zu Tätlichkeiten führen …

Aufgaben

1. **Probier mal herauszubekommen (zu vermuten, zu „über- setzen"), was Personen eigentlich meinen, wenn sie – vor- dergründig – sagen:**

Vordergründig gesagt: Vermutlich meint er / sie:

– Lehrer:
„Du geistiger Blindgänger,
du Versager …"   **Ich** . . . .
                                     . . . .

– Mitschüler:
„Du hast ja keine Ahnung,
Mann   **Ich** . . . .
                                     . . . .

– Lehrerin:
„Du kapierst das ja doch nie;
du bist auf der falschen Schule.   **Ich** . . . .
                                     . . . .

– Vater / Mutter:
„Du Nichtsnutz; streng dich
mehr an!"   **Ich** . . . .
                                     . . . .

2. Erinnere dich an beleidigende, verletzende Du-Botschaften, die du selbst schon gebraucht hast, und notiere sie (linke Spalte). Trage auf der rechten ein, was du eigentlich selbst (von dir) sagen wolltest:

Meine **Du**-Botschaft   Meine eigentliche **Ich**-Botschaft

. . . .

. . . .

. . . .

. . . .

. . . .

3. Bitte gib auf die nachfolgenden Sätze keine Antwort, sondern notiere deine Selbst-Wahrnehmung, also deine Empfindungen, Gefühle, Gedanken …

a) Eine Lehrerin / ein Lehrer sagt in freundlichem Ton zu dir: „Es ist ganz erstaunlich, welche Fortschritte **du** in den letzten Wochen gemacht hast."

. . . .
(Z. B.: Ich bin froh, wenn ich das gesagt kriege.)

b) Nach einer Unterrichtsstunde sagt eine Mitschülerin / ein Mitschüler zu dir: „**Du** bist ja nur so gut, weil **du** Nachhilfe kriegst."

. . . .

c) Nach Meinung deiner Eltern arbeitest du derzeit zu wenig für die Schule und bekommst zu hören: „**Du** bist träge und faul. Damit verbaust **du** dir alle Chancen …!"

. . . .

d) Dein Freund / deine Freundin sagt zu dir: „Super, dass **du**
mir bei den Hausaufgaben hilfst."

. . . .

(**Du**-Botschaften sind also bei **Anerkennung** o.k.!)

**4. Was vermutest du, was die oben erwähnten Personen
(a–d) von sich selbst sagen?**

a) Lehrer: **Ich** . . . .

b) Mitschüler: . . . .

c) Eltern: . . . .

d) Freund / Freundin: . . . .

Die **Selbst**-Mitteilung (**Ich**-Botschaft) ist aber nur eine Seite im
Gespräch. Es gibt nämlich mindestens vier:

3. „Versteh mich doch endlich!"

Die vier Seiten einer Nachricht

Beispiele

1. Alex, 13 Jahre alt, kommt nach Hause und schimpft über einen Lehrer:
„Der X ist so gemein; so was von ungerecht; den könnt ich jeden Tag ohrfeigen."
Die Mutter fragt: „Was hat er denn gemacht?"
Der Vater sagt: „Mach lieber deine Hausaufgaben und red nicht so über deine Lehrer!"

2. Erinnere dich an die Situation im Schulhof (S. 17): Andreas sagte über mich: „Der Miller ist doch das größte Arschloch von der Schule!"
Meine Antwort damals. „Hast du so 'ne Wut auf mich!?"

Zur Erklärung:
Ein Psychologe, F. Schulz von Thun, hat entdeckt, dass in Nachrichten, die Menschen sagen, immer mindestens vier Seiten stecken, nämlich

– die **Selbst-Mitteilungs**-Seite z. B.: **Ich** freue mich.
  (Was ich von mir / über mich selbst sage)

– die **Beziehungs**-Seite   z. B.: Ich mag **dich**.
  (Wie ich zu anderen stehe)

– die **Sach**-Seite   z. B. Ich habe einen **Zweier** bekommen.
  (Worüber ich sachlich informiere)

– die **Appell**-Seite   z. B.: **Komm** her! – **Schreib** schöner!
  (Was ich von dir erwarte / was du tun sollst)

(Ausführlicher siehe S. 25, 26)

Klingt ziemlich kompliziert – ist es am Anfang auch. Aber nach einiger Zeit des Trainings hilft dieses Vier-Seiten-Modell, sich und andere besser zu verstehen. Und in den folgenden Abschnitten kriegst du noch 'ne Menge Trainingsmöglichkeiten!

Überlegungen

1. **Die Nachricht von Andreas im Beispiel 2 (Andreas auf dem Schulhof; siehe auch S. 17) lautet: „Der Miller ist doch ..."**
   Die vier Seiten von Andreas könnten sein:
   a) Selbstmitteilungsseite: „**Ich** bin sehr enttäuscht über die Note."
   b) Beziehungsseite: „Ich habe eine Wut **auf den Lehrer**."
   c) Sachseite: „**Note Fünf** im Test."
   d) Appellseite: „**Gib mir** eine bessere Note!" (Oder: „Hilf mir!")

2. **Überlege selbst (Beispiel 1): Die Nachricht von Alex lautet: „Der X ist so gemein ..."**
   Die vier Seiten von Alex könnten sein:

   a) Selbstmitteilungsseite: . . . .

   b) Beziehungsseite: . . . .

   c) Sachseite: . . . .

   d) Appellseite: . . . .

Zugegeben: Du musst raten, weil Alex die vier Seiten seiner Nachricht nicht direkt und offen mitteilt.
Du siehst selbst: Wer nur eine Seite einer Nachricht mitteilt, dem kann es passieren, dass er missverstanden wird. Deshalb ist es von Vorteil, wenn mehrere Seiten – und wenn's geht alle vier! – gesagt werden.

3. **Mit welcher Seite antwortet die Mutter?** . . . .

   Mit welcher Seite antwortet der Vater? . . . .

4. **Welche vier Seiten hörst du bei der Mutter oder beim Vater heraus?**

   a) Selbstmitteilungseite: . . . .

   . . . .

   b) Beziehungsseite: . . . .

   . . . .

   c) Sachseite: . . . .

   . . . .

   d) Appellseite: . . . .

   . . . .

Informationen:

Menschen reden und hören immer mindestens vierseitig:

Selbstmitteilung

Sache   **die Nachricht**   **Appell**

Beziehung

Das Merkwort heisst **Bass:**

Beziehungsseite

Wie ich zu dir stehe
(z. B.: „Ich freue mich auf
dich.")

Appellseite

Was du tun sollst
(z. B.: „**Räum** dein
Zimmer auf!")

Selbstmitteilungsseite

Was ich von mir mitteile
(„**Ich** bin ganz happy.")

Sachseite

Worüber ich dich infor-
miere
(„Draußen **regnet** es.")

Wenn du über diese vier Seiten Bescheid weißt, dann kannst du
dich – vor allem in schwierigen Gesprächssituationen –
verständlicher mitteilen und andere besser verstehen.
Spannend wird's häufig, wenn jemand mit dir redet, nicht immer
alle vier Seiten sagt – und du vermuten musst: Verdammt, was
meint sie/er denn nun eigentlich?

27

Aufgaben

(Vorweg: Frage deinen Lehrer, deine Lehrerin oder sprich in der Gruppe mit anderen über die vier Seiten, wenn du noch Unklarheiten hast.)

1. Erinnere dich an Sätze, die du zu anderen gesagt hast.
(Z. B.: „Hau doch ab, wenn du immer so schnell beleidigt bist!")
Versuche nun herauszukriegen, wie deine **vier Seiten** der Nachricht heißen (Schema siehe S. 27):

a) Deine **Ich**seite: . . . .

(Z. B.: **Ich** bin sauer …)

b) Deine **Beziehungs**seite: . . . .

(Ich bin enttäuscht von **dir**.)

c) Deine **Sach**seite: . . . .

d) Deine **Appell**seite: . . . .

2. Erwachsene haben nachfolgende Sätze zu dir / euch gesagt.
Vermute, allein oder in der Gruppe: Wie heißen deren **vier Seiten**? (Ein Hinweis: Es kommt auch immer darauf an, in welcher Situation die Sätze gesprochen werden und wie lange du die Personen schon kennst …)

a) Lehrer: „Aus euch wird ja doch nie was werden."
b) Lehrerin: „Schade, dass ich euch im kommenden Jahr nicht mehr habe."
c) Eltern: „Findest du nicht, dass du mehr lernen solltest?"

3. Vielleicht hast du schon die Erfahrung gemacht, dass Menschen die eine oder die andere Seite bevorzugen. Auf welcher Seite bist du zu Hause?

a) Ich habe vorwiegend folgende Hauptseite: . . . .

b) Meinen Lehrern gegenüber habe ich
meistens die . . . .-seite

c) Meinen Eltern gegenüber zeige ich
meistens die . . . . -seite.

d) Meiner Freundin / meinem Freund
gegenüber…? . . . . -seite.

4. Beobachte bitte
a) eine Verkäuferin / einen Verkäufer
b) eine Lehrerin / einen Lehrer
c) eine Mitschülerin / einen Mitschüler
d) deine Mutter / deinen Vater

Welche Seiten bevorzugen sie, wenn sie im Gespräch mit dir oder mit jemandem anderen sind?
Z. B.: Sie ermahnen mich dauernd (Appellseite), reden ständig von sich (Selbstmitteilungsseite), erklären mir Gegenstände (Sachseite) oder lächeln mich an (Beziehungsseite) …

Deine Notizen: . . . .

5. Wenn du viel Zeit hast:
Nimm dir ein Blatt Papier und schau dir Vorabendserien oder Spielfilme an. Versuche bei einigen Personen, die du dir besonders herausgepickt hast, deren vier Seiten zu entdecken. Am besten geht das, wenn du mit deinem Freund oder deiner Freundin Sendungen auf Video aufnimmst und sie Stück für Stück ablaufen lässt.

6. Mitten im Untericht fegt Peter seinem Mitschüler Lars dessen Schreibzeug vom Pult, worauf sich dieser umdreht und schreit: „In der Pause bist du ein toter Mann!"
Wie heißen die vier Seiten von Lars?

a) Selbstmitteilung: . . . .

b) Beziehung: . . . .

c) Sache: . . . .

d) Appell: . . . .

Wenn's dich interessiert: *Meine* Vermutung lautet:

a) Sauerei, mir stinkt's.

b) Ich habe eine Mordswut auf Peter.

c) Alles am Boden.

d) Heb's sofort auf!

4. „So hab ich das doch gar nicht gemeint."

Missverständnisse sind normal

Beispiele

1. Sonntagnachmittag: Der Vater sagt zu seiner Frau und seiner Tochter: „Ich gehe jetzt spazieren", worauf die Tochter antwortet: „Ich geh' aber nicht mit." Kommentar des Vaters: „Ich habe auch nicht gesagt, dass du mitgehen sollst. Ich wollte ja nur sagen, was ich vorhabe …"

Vater sendet eine **Ich-Botschaft**, Tochter hört einen **Appell**.

2. Erste Stunde im Fach Englisch, für alle in der fünften Klasse neu. Die Lehrerin sagt: „Lernt bis morgen die Seite 5 auswendig!" Am nächsten Tag fragt sie ab – und die meisten wissen die englische Bedeutung. Nur Charly nicht, obwohl er die „Seite 5 auswendig gelernt" hat, jedoch die deutschen und englischen Wörter getrennt!

Die Lehrerin meinte „deutsch – englisch" – und Charly verstand „Wörterkolonne deutsch – und Wörterkolonne englisch"!

3. Mario kommt ins Klassenzimmer, haut Mischa mit seiner Pranke auf die Schulter und sagt: „Hey, du!" – worauf Mischa ihm einen Boxhieb versetzt. Die Folge: Ringkampf …

Im Gespräch mit dem Lehrer: Was für Mario als freundliche Begrüßung gemeint ist, kommt bei Mischa als Kriegserklärung an.

4. Herr Weik holt – als Überraschung geplant – seinen Sohn von der Schule ab und sieht, wie dieser im Schulhof beim Abschied ein Mädchen umarmt. Empört verbietet ihm der Vater diese Knutscherei in der Öffentlichkeit. „Was denken denn da die Lehrer!"

Was für den Vater „Knutscherei in der Öffentlichkeit" ist, bedeutet für die beiden Jugendlichen eine freundschaftliche Geste und Ausdruck von Freude. (Das Mädchen hat nämlich soeben vom Schulleiter erfahren, dass es doch noch in die nächsthöhere Klasse versetzt worden ist.)

Überlegungen

1. Welche Erklärungen hast du denn dafür, dass das, was Menschen sagen, oft so ganz anders bei den Zuhörern ankommt?

a) Erklärung für Beispiel 1: . . . .

. . . .

b) Erklärung für Beispiel 2: . . . .

. . . .

c) Erklärung für Beispiel 3: . . . .

. . . .

d) Erklärung für Beispiel 4: . . . .

. . . .

2. Welche Erfahrungen hast du gemacht?

Du sagst etwas – und die anderen hören etwas ganz anderes.
Erinnere dich an einige Situationen mit

a) deinen Eltern: . . . .

. . . .

b) deinen Lehrern: . . . .

. . . .

c) deinen Mitschülern: . . . .

. . . .

3. Was meinst du zu folgender Aussage eines bekannten Kommunikationsfachmanns?

(Vielleicht hast du schon mal seinen Namen gehört / gelesen:
Er heißt Watzlawick.)
Er sagt: Ich weiß nicht, ob das, was ich sage, auf einen
Elefanten oder auf eine Maus trifft – also auf jemanden, der
ziemlich cool oder sehr empfindlich ist. Ich weiß also nie
genau, was ich beim anderen auslöse oder bewirke!

Deine Meinung dazu: . . . .

(Mario als „Elefant“, Mischa als …? – Aber: Auch „Elefanten“
können sehr empfindlich sein!)

33

Informationen

1. Nicht-Verstehen und Missverständnisse sind normal, weil wir auf Grund unserer Verschiedenheit und unterschiedlichen Lebenserfahrungen nicht erwarten können, dass das, was wir meinen / sagen, also aussenden, auch genauso bei den anderen ankommt.

   Nicht-Verstehen ist der Normalzustand.
   Das Verstehen ist Arbeit und kommunikatives Ping-Pong!

2. Erinnere dich an die *vier Seiten einer Nachricht* (Schema siehe S. 27). Dort wird deutlich, warum das Nicht-Verstehen normal und das Verstehen oft so schwer ist und harte Arbeit bedeutet; denn: Wir sind sehr unterschiedlich gepolt:
   - Der Vater sagt: „Ich gehe spazieren." – und die Tochter hört: „Du gehst mit!" Der Grund: Früher hat sie öfter mitgehen müssen; das **muss** steckt immer noch in ihr. Sie ist geprägt …
   - Mario ist von Zu Hause derbe Gesten gewohnt und haut dem Mischa auf die Schulter. Der ist eher zart besaitet und deutet / interpretiert Marios Geste als Angriff.

3. Das eine ist das **Sagen** (= **Aussenden**), das andere das **Hören** (= **Empfangen**: meinen, erwarten, deuten, interpretieren …)

4. Deshalb ist folgende Regel sehr hilfreich:

   Ich sage dir, was ich meine …
   und du sagst mir, wie es bei dir angekommen ist …
   und dann sage ich dir, ob ich es so gemeint habe …

Ganz schön kompliziert! (… und bestimmt hast du auch schon erfahren, wie schwer es oft ist, verständlich miteinander zu reden!) Aber nicht immer: Manchmal kann das auch sehr einfach sein!

Aufgaben

1. **Unterhalte dich mit anderen in der Gruppe über das Thema Nicht-Verstehen und Missverständnisse:**

   a) Erfahrungen: . . . .

   b) Einige Situationen:

   – mit meinen Eltern: . . . .

   – in der Schule: . . . .

   – in der Freizeit: . . . .

2. **Diskutiere in der Gruppe den folgenden Satz (Autor unbekannt):**
   „Ich weiß, dass ihr glaubt, ihr verstündet,
   was ihr denkt, was ich gesagt habe. Aber ich
   bin mir nicht sicher, ob ihr begreift, dass das,
   was ihr gehört habt, auch das ist, was ich meine …"

3. **Suche dir noch drei Mitschüler/innen und bilde mit ihnen eine Vierergruppe (A bis D)**
   A sagt, in welche Rolle er schlüpft (wer er ist) und spricht einen Satz … – und B bis D sagen, was sie alles *heraushören* (Ihr könnt als Hilfe das „Vier-Seiten-Modell" nehmen; siehe S. 27).
   Beispiel:
   A als Vater (nachdem er das Zeugnis seines Sohnes gesehen hat):
   „*Ich* bin während meiner Schulzeit nie sitzen geblieben."
   B hört heraus: Streng dich an; mach mir keinen Kummer!
   C hört heraus: Ich bin maßlos enttäuscht von dir …
   D hört heraus: Du kannst mir nicht das Wasser reichen …

4. **Schau dir im Fernsehen Spielfilme an und suche nach Szenen, in denen Menschen sich nicht verstehen:**
   a) Was *sagen* die einzelnen Personen?
   b) Was *hören* – und *antworten* die anderen?

5. **Such dir einige Mitschüler/innen, mit denen du in der Gruppe zusammenarbeiten willst:**
   a) Ich habe nachfolgend einige Sätze von Personen aufgeschrieben.
   b) Jede/r von euch schreibt zunächst alleine eine Antwort auf, die ausdrückt, dass ihr den anderen *versteht*.
   c) Anschließend vergleicht ihr eure Antworten: Welche Sätze waren sehr, welche waren weniger verständnisvoll?

Äußerung:	*Deine verständnisvolle Antwort:*
– Dein Vater zu dir: „Mensch, Junge, reiß dich zusammen, du musst doch bessere Noten schreiben!"	(z. B.: „Na ja, ich weiß, dass du dir . Sorgen machst.") . . . .
– Dein/e Mitschüler/in zu dir: „Du weißt ja gar nicht, wie's bei mir zu Hause zugeht. Dauernd diese Motzerei …"	. . . .
– Deine Freundin zu dir: „Immer, wenn ich heule, sagst du zu mir, dass ich viel zu empfindlich bin und dass ich aufhören soll."	. . . .

– Dein Freund zu dir: „Scheiße,

du interessierst dich nur für   . . . .

Musik und überhaupt nicht   . . . .

für mein Hobby!" (Surfen)   . . . .

**6. Ihr könnt auch ein Rollenspiel machen, in dem ihr
     Verständnis zeigt.
     Was antwortet ihr in folgenden Situationen?**
     a) Mitschüler/in hat schlechte Noten bekommen …
     b) Mitschüler/in ist von einem Lehrer, einer Lehrerin schlecht
        behandelt worden …
     c) Lehrer/in ist total überfordert …
     d) Mutter / Vater kommt frustriert von der Arbeit nach Hause …

37

5. „Ich kann dich nicht ausstehen!"

Umgang mit unsympathischen Menschen

Beispiele

1. Lehrer: Schon seit Tagen geht mir Charly nicht aus dem Kopf. Ich muss gestehen. Ich mag ihn nicht. Der Kerl lügt mich dauernd an. Wut steigt ihn mir hoch. Ich übergehe ihn, rufe ihn nicht auf, würde am liebsten nichts mehr mit ihm zu tun haben …
   Eigentlich aber bin ich von ihm enttäuscht. Ich habe nicht erwartet, dass er mich anlügt. Ich bin ziemlich ratlos: Was soll ich tun? Ich bin auch traurig, weil er mir nicht die Wahrheit sagt – und weil er anscheinend kein Vertrauen zu mir hat. Oder hat er sogar Angst vor mir? – Ich gebe mir einen inneren Ruck: Morgen werde ich ihn in der großen Pause ansprechen.

2. Peter: Die einen in der Klasse mögen mich, die anderen nicht. Ich weiß auch nicht, warum das so ist. Manche sind neidisch auf mich, weil ich gute Noten schreibe und andere sind froh, wenn ich ihnen helfe – oder wenn ich sie abschreiben lasse … Ich mag aber auch nicht alle und finde manche ganz schön doof …

3. Auf dem Schulhof gehört:
   „Mensch, ist der blöd. Der gibt ja nur an …" – „Die kann ich überhaupt nicht leiden …" – „Hau doch ab, du Stinktier. Du passt nicht zu uns!" – „Misch dich nicht in unsere Angelegenheiten!" – „Du gehst mir am Arsch vorbei." – „Was wir hier reden, geht dich überhaupt nichts an."

4. Katja ist sehr verliebt in ihren neuen Freund und erzählt mir von ihm. Irgendwann im Gespräch sagt sie: „… und dabei fand ich ihn, als ich ihn zum ersten Mal sah, furchtbar unsympathisch."

5. Landschulheimaufenthalt: Am Morgen sind Kai und Lars dicke Freunde, am Mittag hauen sie sich die größten Schimpfwörter um die Ohren und am Abend spielen sie einträchtig in derselben Fußballmannschaft …

Überlegungen

1. **Denke an das Beispiel 1:**
   Am Anfang wollte der Lehrer mit Charly nichts zu tun haben. Und dann hat er sich entschlossen, doch mit ihm zu reden. Vermute: Was hat sich bei *dem Lehrer* verändert?

   . . . .

2. **Denke an das Beispiel 5:**
   Welche Erklärungen hast du denn, warum Kai und Lars sich mal vertragen, streiten und sich schnell wieder vertragen?

   . . . .

3. **Denke an die Schulhofsituation:**
   Die einen mögen dich, die anderen nicht. Warum ist das so?

   . . . .

4. **Denke an das Beispiel 4:**
   Was könnte zwischen Katja und ihrem Freund geschehen sein, dass sie ihn anfangs unsympathisch fand und dann allmählich (oder plötzlich) sympathisch – und sich sogar in ihn verliebte?

   . . . .

5. Wenn du an deine Mitschüler/innen, deine Freund/innen denkst – oder an deine Eltern, Lehrer/innen …

Die einen sind dir unsympathisch und bleiben es auch – die anderen sind dir sympathisch und bleiben es ebenfalls – und bei anderen ändert sich das: Aus Sympathischen werden Unsympathische und umgekehrt.

6. Was meinst du zu folgendem Satz:

Gefühle sind wechselhafter als Gedanken. (??!!)
(Heute geliebt, morgen gehasst, übermorgen gleichgültig …)

. . . .

. . . .

. . . .

. . . .

Informationen

1. Da wir Menschen verschieden sind (weiblich – männlich, jung – alt, reich – arm, einheimisch – ausländisch …) und unterschiedliche Lebenserfahrungen machen, ist es verständlich, dass wir uns auch aus verschiedenen Gründen mögen oder nicht mögen, sympathisch oder unsympathisch finden, uns lieben oder ablehnen, vielleicht sogar hassen …

2. Gefühle sind sehr wechselhaft – und das macht sich auch in unseren Begegnungen und Beziehungen zu Menschen bemerkbar: Den einen könnte man an die Wand schmeißen und wenig später wieder umarmen – und umgekehrt!

3. Sich sympathisch oder unsympathisch finden, sich lieben oder hassen, sich mögen oder sich nicht mögen, sich angezogen fühlen oder sich ablehnen sind in zwischenmenschlichen Beziehungen völlig normale Empfindungen oder Gefühle; allerdings erfahren wir manche von ihnen auch als schmerzlich.

4. Es ist ein Irrtum zu glauben, es müsse immer alles harmonisch und friedlich zugehen, immer alle mit allen auskommen. Wo Menschen zusammenkommen, da gibt es auch Knatsch und Krach – und da fliegen auch schon mal die Fetzen.
Aber hinterher kann man die Situation klären, sich wieder vertragen oder aus dem Wege gehen.

5. F. Perls, ein amerikanischer Psychologe, hat einmal – sinngemäß – gesagt:
Ich bin o. k. – und du bist o. k. Wenn wir miteinander auskommen, so ist es gut. Wenn nicht, dann ist es auch gut und wir trennen uns.

   a) Was meinst du dazu?
   b) Was tun, wenn man sich in einer Zwangsgemeinschaft wie die einer Klasse befindet?

   . . . .
   . . . .
   . . . .
   . . . .
   . . . .
   . . . .

Aufgaben

1. Es gibt eine sehr eindrucksvolle Übung, wie du mit Personen, die dir unsympathisch sind, umgehen kannst:

a) Setze dich bitte auf einen Stuhl, stelle dir einen andern Stuhl gegenüber und stell dir vor, dass darauf jetzt jemand sitzt, den du sehr unsympathisch findest.

b) Notiere nun, was du an ihm nicht magst; nenne *Eigenschaften* und *bewerte* ihn also so, wie du es möchtest, z. B. arrogant, abweisend, feige, hinterhältig …

. . . .

c) Notiere nun, welche *Gefühle* du ihm gegenüber hast (Abscheu, Wut, Ärger …):

. . . .

d) Notiere nun, was du am liebsten machen würdest (ihm / ihr die Meinung sagen, nicht mit ihm reden, abhauen …).

. . . .

Du hast jetzt also folgenden Dreischritt getan:

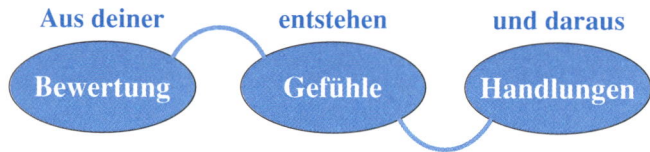

Mach nun bitte eine kleine Pause; und dann:

a) Stell dir nun dein Gegenüber wieder vor und notiere: Gibt es etwas, was du *hinter* dem Unsympathischsein des anderen findest? Vielleicht ist er doch nicht so arrogant, abweisend ...Vielleicht steckt doch noch was anderes dahinter? Vielleicht versteckt er etwas, traut sich nicht, ist in Wirklichkeit gehemmt ...?

. . . .
. . . .
. . . .
. . . .

b) Notiere nun, welche *Gefühl*e du ihm gegenüber *jetzt* hast, wenn du dahinterblickst (vielleicht Mitleid ...?)

. . . .

c) Notier nun, was du jetzt *tun* würdest (vielleicht doch mit ihm reden ...?)

. . . .

Du hast wiederum einen Dreischritt getan:

Aus deiner (anderen?)	entstehen (andere?)	und daraus (andere?)
Bewertung	**Gefühle**	**Handlungen**

Es liegt also an *dir*, wie du einen Menschen siehst, einschätzt, betrachtest, bewertest ... Verändert sich deine Bewertung, deine Einstellung zu ihm, so verändern sich auch deine *Gefühle* und damit deine *Handlungen*.
Und bedenke: **Bewertungen kannst du verändern!**

2. Unterhalte dich in der Gruppe mit deinen Mitschüler/innen: Wie schwer, wie leicht fällt euch das „Bewertungen verändern"?

3. Jemand findet dich unsympathisch – und du merkst, spürst das.
   a) Wie geht's dir dabei?
   b) Was würdest du am liebsten tun?
   c) Beginne ein Gespräch mit ihm / ihr.

   Und hinterher ging es mir: . . . .

   . . . .

4. In der Klasse merkt ihr, dass euch ein Lehrer/eine Lehrerin nicht mag und euch manchmal gemein behandelt. Macht euch darüber einige Notizen und bittet ihn/sie zu einem Gespräch:
   a) Sagt, wie es euch geht, wie ihr euch empfindet.
   b) Sagt, was ihr anders haben wollt; macht Vorschläge.
   c) Fragt, warum er/sie euch gegenüber so ist.
   d) Sucht euch, wenn notwendig, Vermittler (Verbindungslehrer)

   Und hinterher ging es uns: . . . .

   . . . .

6. „Von wem ich mich beleidigen lasse, bestimme ich."

Über das Hören und Reagieren

Beispiele

1. Erinnere dich an das Beipiel (siehe S. 17), in dem Andreas mich „das größte Arschloch von der Schule" nennt. Ich habe mich nicht beleidigen lassen, weil

. . . .

. . . .

. . . .

2. Eine Lehrerin unterrichtet in einer Klasse das Fach Englisch. Nach etwa der Hälfte der Stunde wirft ein Schüler Heft und Buch vom Tisch und schreit sie an: „Den Scheiß können Sie behalten!" Die Lehrerin ist zutiefst erschrocken, sehr verletzt und berichtet über den Vorfall in der Klassenkonferenz.
   – Die Lehrerin fühlte sich beleidigt/verletzt, weil

. . . .

. . . .

. . . .

   – Was hat der Schüler *wirklich* gemeint? Wie ging es *ihm*?

. . . .

. . . .

. . . .

3. Während eines Kommunikationstrainings stelle ich diesen Fall zur Diskussion, worauf ein Kollege antwortet: „Da wär ich gar nicht erschrocken. Der Schüler konnte halt wahrscheinlich mit dem Stoff nichts anfangen."

4. Ein Lehrer macht einen Schüler vor der ganzen Klasse ziemlich fertig. Völlig geknickt geht dieser auf seinen Platz zurück. Da meldet sich der Klassensprecher und sagt: „Bevor Sie den Heinz nochmals fertigmachen, sagen Sie lieber, worüber *Sie* frustriert sind." (Ein sehr mutiger Schülersatz, findest du nicht?)

Überlegungen

1. Was meinst du: Was haben in den vier Beispielen die Personen *gehört* ... und warum haben sie so reagiert?

Beispiel 1:

Lehrer Miller: . . . .

. . . .

Beispiel 2:

die Englischlehrerin: . . . .

. . . .

Beispiel 3:

der Kollege im Kommunikationstraining . . . .

. . . .

Beipiel 4:

a) der geknickte Schüler . . . .

. . . .

b) der Klassensprecher: . . . .

. . . .

2. Wie ist deine Meinung über die beiden folgenden Sätze?

Von wem ich mich beleidigen lasse, bestimme ich.

Wer jemanden beschimpft, sagt mehr über sich selbst aus als über den, den er beschimpft!

4. Ein Mitschüler hat dich beschimpft.
Überlege: Was könnte er alles über *sich selbst* sagen? (Ärger, Wut, Frust …)

. . . .

. . . .

Informationen

1. Die Beispiele haben gezeigt, dass es nicht nur wichtig ist, was und wie Menschen miteinander *reden*, sondern was sie aus dem Gesagten alles „heraushören"
(= meinen, glauben, interpretieren …).

2. Bei Beschimpfungen und Beleidigungen sind meist folgende vier „Stufen" festzustellen. Hier ein Beispiel:

Beispiel:	*Stufen:*
1. Ein Lehrer ist völlig genickt über eine schlecht ausgefallene Klassenarbeit und meint, er habe als als Lehrer versagt.	Der Lehrer ist persönlich getroffen; er hat ein ➤ (1) **persönliches Problem**
2. Zu einer Kollegin sagt er: „Du, ich weiß auch nicht, was ich noch alles machen soll."	Der Lehrer weiß nicht mehr weiter; er spürt ➤ (2) **Hilflosigkeit**
3. Auf der Fahrt zur Schule bekommt er eine Stinkwut auf die Klasse, die so schlechte Leistungen bringt und denkt: Denen geb ich's aber!	Der Lehrer hat eine Wut und denkt negativ; er hat ➤ (3) **Gefühle / Gedanken**
4. Kurz darauf stürmt er ins Klassenzimmer und schreit: „Ihr Saubande, habt wieder nichts gelernt. Ihr faulen Säcke!"	Er beschimpft die Klasse und droht; er reagiert mit ➤ (4) **Aggression**

Du, als Schüler/in, kannst nun – weil du über diese Stufen Bescheid weißt (wie der Klassensprecher im Beispiel 4) – dich entscheiden, was du hörst:

1. die Beschimpfung / Aggression (und selbst aggressiv werden)
2. die Gefühle / Gedanken
   (und selbst Gefühle empfinden / Gedanken haben)
3. die Hilflosigkeit (und vielleicht Verständnis für den Lehrer entwickeln)
4. das persönliche Problem (und ihn sogar verstehen).
   (...und je nachdem, was du „heraushörst", wirst du nun reagieren!)

Der Lehrer sollte allerdings diese Stufen auch kennen, denn dann müsste er die Klasse nicht beschimpfen, sondern könnte von seinem persönlichen Problem, von seinen Schwierigkeiten ... mit der Klasse reden ... und beide würden Offenheit nicht als Schwäche auslegen.

49

Aufgaben

1. Diskutiere in der Gruppe über den Satz:
„Ich bestimme, von wem ich mich beleidigen, beschimpfen, fertigmachen lassen …"

Notizen: . . . .

2. Erinnere dich an Situationen, in denen du beschimpft / beleidigt worden bist und verwende dabei das Stufenschema: (siehe S.48)

Beschimpfung	*Stufen*
Lehrer/in (schreit): „Du hast wohl dein Hirn beim Hausmeister abgegeben!?"-	ihre Aggression: Du hirnloser Schüler…. ihre Gefühle: Wut, Ärger, Enttäuschung ihre Hilflosigkeit: Was soll ich jetzt machen? ihr Problem: Englischgrammatik in Klasse 5

– Wie lautet *jetzt* deine Antwort? (d.h: Welche der vier Ebenen hörst du *besonders* heraus?) . . . .

. . . .

Vater (brüllt): „Du Faulpelz, streng dich an; das muss ich ja auch den ganzen Tag."	seine Aggression: . . . . seine Gefühle: . . . . seine Hilflosigkeit: . . . . sein Problem: . . . .

– Was hörst du besonders heraus – und was sagst du?

Mitschüler: „Du verdammtes Arschloch; hättest du mich abschreiben lassen, dann hätte ich keinen Fünfer bekommen."

seine Aggression: ....

seine Gefühle: ....

seine Hilflosigkeit: ....

sein Problem: ....

– Und du antwortest: ....

....

3. **Vergleiche deine Antworten mit denen deiner Mitschüler/innen in der Gruppe:**
   Was haben die anderen *gehört* – und wie haben *sie* geantwortet?

4. **Wenn jemand dich beschimpft, so heißt das aber noch lange nicht, dass du dir alles gefallen lassen musst.**
   Du kannst zweierlei, nämlich „zurückschlagen" (= auch schimpfen ...; siehe „Überkreuz-Kommunikation", S.12) oder selbstbewusst und dich schützend antworten (was mitunter ganz schön schwer ist!); z. B.:

Beschimpfung

Antwort

Lehrer/in: „Du hast wohl dein Hirn beim Hausmeister abgegeben!?"

„Ich möchte nicht, dass Sie so mit mir reden."

Vater: „Du Faulpelz, streng dich an; das muss ich ja auch den ganzen Tag."

....

....

....

Mitschüler: „Du verdammtes   . . . .

Arschloch. Hättest du mich ab-   . . . .

schreiben lassen, dann hätte ich   . . . .

keinen Fünfer bekommen."   . . . .

5. **Erinnere dich an Situationen, in denen du andere beschimpft / beleidigt hast – und verwende dabei das Stufenschema** (siehe S.48):   . . . .

Meine Beschimpfung   *Meine Erklärung*

Zu meiner Mutter (patzig):   Aggression:
„Lass mich doch in Ruhe;   patzige Antwort …
ewig diese Motzerei.   Gefühle: Sauwut
Ich räum' mein Zimmer   Hilflosigkeit: Was soll ich
auf, wann ich will!"   bloß tun?
                              Problem: Ich will selbst
                              entscheiden.

Was antwortest du jetzt, nachdem du dir mit Hilfe des Stufenschemas klarer geworden bist?

Zu einem Mitschüler

sagst du: . . . . deine Aggression: . . . .

. . . . deine Gefühle: . . . .

. . . . deine Hilflosigkeit: . . . .

. . . . dein Problem: . . . .

7. „Mal könnt ich dich ohrfeigen, mal knutschen."

Gefühle sind der Motor für unser Handeln

Beispiele

1. Das Verhalten der Schüler/innen der Klasse 8c während der Klassenfahrt war nach Aussagen der begleitenden Lehrerin und des Lehrers „super"; sie loben die Schüler/innen, berichten begeistert im Lehrerzimmer und erzählen davon beim nächsten Elternabend.
   – Weil sie sich freuten, deshalb . . . .

2. Ein Schüler sagt – während einer Sportstunde, in der er versagt hatte – zum Lehrer: „Du Wichser, du kannst ja nicht einmal die Stoppuhr genau ablesen!" – worauf ihm der Lehrer eine Ohrfeige gibt und ihn vom Sportplatz schickt …
   – Die Gefühle des Schülers – die Gefühle des Lehrers?

   . . . .

3. Im Schulhof: Zwei Jungen schlagen aufeinander ein. Der Lehrer trennt die Streithähne … Fünf Minuten später beobachtet er, dass die beiden wieder miteinander spielen.

4. Ein Mädchen wird auf der Straße von einem Jungen belästigt. Ein Mitschüler kommt ihr zu Hilfe und verprügelt ihn.
   – Die Gefühle des Mädchens – die Gefühle der beiden Jungen?

   . . . .

5. Zu Hause gibt es wegen des schlechten Zeugnisses Knatsch. Der Vater brüllt, die Mutter schweigt, bricht später in Tränen aus – David verlässt die Wohnung und knallt die Tür hinter sich zu.
– Die Gefühle des Vaters, der Mutter, von David?

. . . .

6. Jörg hat seinem Vater am Wochenende geholfen, ein Holzhaus im Garten aufzustellen. Der Vater sagt nichts, legt ihm aber am Abend heimlich in einem Umschlag 20 Mark unter das Kopfkissen.
– Die Gefühle des Vaters – die Gefühle von Jörg?

. . . .

Überlegungen

1. Welche Gefühle vermutest du

(Beispiel 2)   bei dem Jungen: . . . .

bei dem Lehrer: . . . .

(Beispiel 3)   bei den Jungen: . . . .

(Beispiel 4)   bei dem Mädchen: . . . .

bei dem Jungen: . . . .

(Beispiel 5)   bei dem Vater: . . . .

bei der Mutter: . . . .

bei David: . . . .

(Beispiel 6)   bei dem Vater: . . . .

bei Jörg: . . . .

2. Welche Meinungen habt ihr in der Gruppe über folgenden Satz?

Gefühle sind der Motor für unser Handeln!.
(Wer das *Handeln* von Menschen verstehen will, der muss auf die *Gefühle* achten, die dahinterstehen.)

3. Wie reagierst du?

– Wenn ich eine Wut habe, dann . . . .

. . . .

– Wenn ich mich freue, dann . . . .

. . . .

– Wenn ich traurig bin, dann . . . .

. . . .

– Wenn ich verliebt bin, dann . . . .

. . . .

– Wenn ich mich allein gelassen fühle, dann . . . .

. . . .

Informationen

1. Kinder, die auf die Welt kommen, haben zuerst Empfindungen (sich wohl fühlen / sich unwohl fühlen) und Gefühle; erst später entwickelt sich ihr Denken. Sowohl individuell als auch menschheitsgeschichtlich heißt das: die Gefühle sind älteren Ursprungs. Biologisch formuliert bedeutet das:
   Die Gefühle sind (über Jahrmillionen entwickelt) älter als die Vernunft.

2. Dies war und ist lebensnotwendig: Bei Angriff / Bedrohung haben unsere Vorfahren nicht zuerst *gedacht*, was die Bedrohung sein könnte, sondern *instinktiv* (gefühlsmäßig) reagiert. Erst später kam die Vernunft als wichtige „Steuerung" dazu.

3. Heute ist es immer noch so: Wenn du in Stress bist, dich angegriffen, bedroht fühlst, dann reagierst du meist „instinktiv", spontan, ohne zu überlegen … Deine älteren Hirnregionen werden aktiviert; erst allmählich kommt die Überlegung, das Denken hinzu.

4. Und noch etwas spielt bei der Entwicklung unserer Gefühle eine wichtige Rolle, nämlich die Erziehung; vielleicht kennst du das:
   a) Mädchen erlaubt man eher zu weinen als Jungen
   b) Jungen haben tapfer (Indianer!) zu sein.
   c) Cool-Bleiben ist in; wer weint, ist ein Schwächling usw.

5. **Viele Menschen nehmen deshalb ihre Gefühle kaum mehr wahr, obwohl sie vorhanden sind:**
   a) Im Beispiel 2, Sportstunde, habe ich den Lehrer nach seinen Gefühlen gefragt. Er sagte zu mir: „Ich habe mich zutiefst verletzt gefühlt."

b) Im Beispiel 6 hat mir der Vater erzählt, dass er zu Hause nie
   gelobt worden ist – und er selbst damit nur sehr schwer umgehen kann. (Deshalb das heimliche „Loben" in Form des versteckten Geldes).

c) Mädchen, wenn sie eher gefühlsbetont sind, haben mit Jungen
   manchmal Schwierigkeiten, weil diese eher sachlich agieren.

d) Eine Frau weint. Der Mann sagt: „Hör endlich mit der blöden
   Heulerei auf!" Eigentlich möchte er sagen: „Ich bin hilflos,
   weil ich mit Tränen / Weinen nicht umgehen kann. Was soll ich
   denn nur machen?"

Aufgaben

1. **Nimm dir Zeit und blicke auf deine bisherigen Lebensjahre zurück:**

   Hast du Gefühle zeigen dürfen? (Zu Hause, in der Schule, in der Freizeit, bei Schulfreund/innen …?) Oder hast du die Erfahrung gemacht, dass du Gefühle gezeigt hast – und den anderen war das egal?

   a) Freude: lachen, singen, tanzen, springen …
   b) Wut/Zorn: mit dem Fuß stampfen, schreien, brüllen, toben …
   c) Trauer: weinen, still sein, sich zurückziehen …
   d) Angst: um Hilfe bitten, bei jemandem sein dürfen, in den Arm genommen werden …

2. **Wie reagierst du/was machst du, wenn du jemanden, den du gut kennst, mit Gefühlen erlebst?**

   (Machst du Unterschiede zwischen Erwachsenen und Gleichaltrigen?)

   a) Wenn er/sie traurig ist, dann . . . .

   b) Wenn er/sie eine Wut hat, dann . . . .

   c) Wenn sie/er happy ist, dann . . . .

   d) Wenn sie/er Angst hat, dann . . . .

3. **Manchmal gehen wir mit unseren Gefühlen ziemlich cool um oder verdrängen sie sogar:**

   Er *kämpfte* mit den Tränen. Sie *schämte sich*, weil sie weinen musste. Er *beschimpfte* seine Freundin, als sie zu weinen begann …

Wie gehst du mit *deinen* Gefühlen um?

a) In deiner Familie: . . . .

   (Z.B.: Da kann ich zeigen, wie ich mich fühle; auch mal

   sauer sein …)

b) In der Schule: . . . .

   (Da bin ich meist cool …)

c) Im Freundeskreis: . . . .

d) Alleine: . . . .

4. Gefühle sind der Motor für das Handeln
Beobachte bitte Menschen, die du kennst …

Was tun sie?	*Welche Gefühle vermutest du bei ihnen?*
Lehrerin lobt mich	. . . .
	(Z. B. Sie freut sich …)
Freund schreit mich an.	. . . .
Vater redet seit Tagen nicht mehr mit mir.	. . . .
	(Z. B. Er ist frustriert, weil …)
Mutter hat mir ein T-Shirt geschenkt.	. . . .
Meine Freundin …	
. . . .	. . . .

5. Auf Dauer lassen sich Gefühle nicht verdrängen;
das wird sogar in der Sprache deutlich:
– Ich bin vor *Wut* ganz außer mir.
– Ich könnte schreien vor *Zorn*.
– Am liebsten würde ich vor *Freude* tanzen.
– Ich mache in die Hose vor *Angst*.

6. In Gesprächen mit Menschen sind Gefühle immer vorhanden.
Entscheidend, ist, ob wir sie wahrnehmen, ob wir sie mitteilen und wie wir sie ausdrücken:

a) Ich kann Gefühle gut mitteilen, wenn . . . .

. . . .

. . . .

b) Ich behalte meine Gefühle lieber für mich, wenn . . . .

. . . .

. . . .

8. „Immer dieses ewige Streiten!"

Zur Selbstbehauptung in Gesprächen

1. Beispiele

1. Während einer Gesprächsrunde im Fernsehen nahm ein Teilnehmer einem anderen ständig das Wort, hörte nicht zu und ließ ihn nicht ausreden, worauf dieser sagte: „Ich habe den Eindruck, dass Sie an meiner Meinung überhaupt nicht interessiert sind. Deshalb werde ich jetzt auch nicht mehr weitersprechen. Ich rede nur, wenn man mir zuhört." Der andere war völlig verblüfft und wusste nicht, was er antworten sollte.

2. Urlaub: *Freund* will tauchen gehen, *Freundin* hat Angst davor …
Sie: „Ich will nicht ins tiefe Wasser rein."
Er: „So ein Quatsch; hier gibt's keine Haie."
Sie: „Aber vielleicht Seeschlangen."
Er: „Wenigstens den Kopf kannst du mal unter Wasser halten."
Sie: „Nein!
Er. „Dann lass es eben bleiben."
Sie: „Dann mach's doch alleine. Du kannst mich mal …"

3. Lehrer/in – Schüler/in:
L: „Du wirst das ja nie kapieren!"
Sch: „Wenn Sie so schlecht erklären."
L: „Werd nicht frech."
Sch: „Sie vertragen wohl gar nichts, was?"
L: „Halt sofort deinen Mund!"

4. Mitschüler – Mitschülerin:
Sie: „Ich kann das ja doch nicht."
Er. „Soll ich dir helfen?"
Sie: „Das wär super."
Er: „Also, wo klemmt's?"

Überlegungen

1. **Im ersten Beispiel hat sich der Gesprächspartner nicht auf einen Clinch mit dem anderen eingelassen; er musste sich nicht durchsetzen.**
   Wie beurteilst du seine Entscheidung? (Als Stärke, als Schwäche …?)

2. **Wer hat im Beispiel 2 gewonnen, wer verloren?**
   Wärst du lieber das Mädchen oder der Junge gewesen? Welche Lösung hättest du anzubieten?

3. **Gib dem dritten Beispiel eine Überschrift:** . . . .

4. **Deine Meinung zum vierten Beispiel:** . . . .
   . . . .

5. **Gruppenarbeit:**
   a) Jeder von euch notiert zuerst alleine, was ihm / ihr bei dem
      Wort *Streiten* einfällt: . . . .
   b) Vergleicht nun eure einzelnen Notizen.
   c) Sprecht über die Unterschiede und Gemeinsamkeiten.
   d) Überlegt: War euer Gespräch darüber ein Erfahrungsaustausch oder ein Streitgespräch?

6. *Was mir am Streiten gefällt:*   *Was mir am Streiten nicht gefällt:*

   . . . .

   . . . .

7. Streithähne haben folgende Meinung: (Und du ...?)
   – Ich sehe es richtig, du siehst es falsch.
   – Meine Meinung gilt, die deine nicht.
   – Ich befehle, du gehorchst.
   – Ich gewinne, du verlierst.
   – Ich bin o.k., du bist k.o.

Informationen

1. Wenn Menschen streiten, so haben sie unterschiedliche
   Meinungen und sind der Ansicht:
   a) Ich habe Recht.
   b) Der andere hat nicht Recht.
   c) Ich werde den anderen schon noch überzeugen
      (Das denken beide!).
   d) Ich werde gewinnen. (Das denken beide!).
   e) Der andere soll verlieren. (Das denken beide!).
   (Im Streit sagen die Menschen selten etwas über sich (Ärger,
   Sorgen, Wünsche ...), sondern meist über den/die anderen
   (**du** sollst, **du** bist ..., hättest **du** nur ... (s. a. 2. Abschnitt:
   Ich- und **Du**-Botschaften, ab S.17).

2. Beim Streiten herrscht also das „Gewinner-Verlierer-Modell"
   vor:

   – Wie geht es dem Gewinner? . . . .

   – Wie geht es dem Verlierer? . . . .

3. Wenn Menschen Erfahrungen, Meinungen, Ansichten mittei-
   len/austauschen, so kann es dabei gar keine Verlierer geben,
   weil man über Erfahrungen und Ansichten eben nicht streiten
   kann: Jede/r sieht es so, wie sie/er es sieht.

4. Ich selbst halte gar nichts vom Streiten, wenn man darunter versteht, den anderen fertigzumachen, ihn kleinzukriegen, unbedingt als Gewinner dastehen zu wollen und den anderen als Verlierer zu erleben ...

Ich kann jedoch, ohne zu streiten:
– klipp und klar meine eigene Meinung sagen
– unverfälscht meine Gefühle (Wut, Zorn, Ärger,
   Freude, Angst ...) äußern
– mich selbst behaupten und Wünsche / Forderungen stellen
– andere Meinungen gelten lassen / sie akzeptieren
– mich von anderen Ansichten distanzieren
   („So denke ich nicht ...")
– schweigen, mich zurückziehen
– das Gespräch – selbstbewusst, aber nicht beleidigt – beenden

Wie ist deine Meinung dazu? . . . .
. . . .
. . . .
. . . .

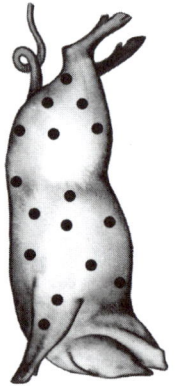

Aufgaben

1. Bilde mit anderen eine Vierergruppe.
Zwei führen ein Gespräch. Ausgangspunkt sind unterschiedliche Meinungen (z. B. Film: gut / schlecht; Musik: gefällt / gefällt nicht ...); die anderen beiden beobachten das Gespräch:
a) War es ein Streitgespräch?
b) Wie verhielten sich die beiden?
c) Welche Lösungen gab es?

2. Beobachte Menschen, die streiten
(im Klassenzimmer, daheim, im Fernsehen ...) und notiere:
Wie ist

– die Körperhaltung: . . . .

– der Gesichtsausdruck: . . . .

– die Gestik: . . . .

– die Stimme: . . . .

3. Du hast gestritten. Wie geht es dir nach dem Streiten?

a) Dein Gefühl: Du hast gewonnen: . . . .

. . . .

b) Dein Gefühl: Du hast verloren: . . . .

. . . .

4. Was sagst du zu folgendem Satz?
Streiten heißt, dem anderen seine Ansichten nehmen
und die eigenen durchsetzen!

Deine Erfahrung . . . .

. . . .

. . . .

. . . .

. . . .

. . . .

5. Beobachte:

a) Was tun Menschen, wenn sie streiten? . . . .

. . . .

. . . .

b) Was tun Menschen, wenn sie sich versöhnen? . . . .

. . . .

. . . .

6. Diskutiere mit anderen über die Phasen des folgenden
„Anti-Streit-Modells": Sie – Er

(1) Sie sagt ihre Meinung, Ansichten, Erfahrungen …
(2) Er sagt seine Meinung, Ansichten, Erfahrungen …
(3) Sie und er stellen sich gegenseitig Klärungsfragen.
(4) Sie und er wechseln die Positionen (= Sichtwechsel).
(5) Sie und er suchen nach Gemeinsamkeiten.
(6) Sie und er kommen zu Meinungsänderungen.

(7) Sie und er lassen unterschiedliche Meinungen gelten / stehen.
(8) Sie und er finden Kompromisse.

– Eure Ergebnisse: . . . .

. . . .

7. Überlegt bitte in der Gruppe:

Was hat Selbstbewusstsein und Selbstbehauptung mit Streiten
zu tun? Eine Denkhilfe: Wie schätzt du einen Menschen ein,
der dauernd recht behalten will, der die Meinungen der anderen madig macht und der sich immer durchsetzen will?
= Ich bin der King, du bist ein Arsch.

. . . .

. . . .

. . . .

. . . .

. . . .

(Im nächsten Abschnitt geht's weiter mit dem Thema
„unterschiedliche Meinungen!")

9. „Das sehe ich aber anders."

Manches ist einfach Ansichtssache.

Beispiele

1. Ich habe – aus beruflichen Gründen – viele Gespräche beobachtet (in Klassenzimmern, in Lehrerzimmern, bei öffentlichen Diskussionen, bei politischen Auseinandersetzungen, in Talkshows …) und dabei festgestellt: Es scheint Menschen sehr schwer zu fallen, die Meinungen anderer gelten zu lassen, ohne sie negativ zu bewerten. Häufig hörte ich dann:

   Erwachsene:
   – „So können Sie das doch nicht sagen!"
   – „Das ist doch völliger Quatsch."
   – „So ein Blödsinn."
   – „Hören Sie doch auf mit ihrem Gelabere."
   – „Da muss ich Ihnen aber heftig widersprechen …"

   Jugendliche:
   – „Red keinen solchen Scheiß daher."
   – „Du blöde Zicke …" (verächtlicher Blick!)
   – „Der wieder mit seinen rechten Parolen!"
   – „Deine Ideen kannst du dir in den Arsch stecken."
   – „Und das sollen Vorschläge sein? Das ist ja Kacke."

2. Die Elefantengeschichte:
   Zwei Menschen (A und B) gehen durch den Urwald. Es ist total dunkel. Plötzlich treffen sie auf ein Hindernis, betasten es von zwei verschiedenen Seiten und folgendes Gespräch entsteht:
   A: „Wie ein Ofenrohr …"
   B: „Quatsch, wie eine Schnur mit Quaste daran …"
   A: „und erst die zwei Pfosten!"
   B: „Blödsinn, keine Pfosten, sondern ein rissiges Leder …"

Überlegungen

1. Was sagt dir / euch die „Elefantengeschichte"?

   . . . .

2. Wenn du eine Meinung sagst und jemand antwortet dir:
   „So ein Quatsch!", dann:

   a) geht es dir . . . .

   b) möchtest du am liebsten . . . .

3. Wenn andere Meinungen äußern, denen du nicht zustimmen kannst, was antwortest du dann meistens:

   . . . .

4. Wie geht es dir, wenn du eine Meinung äußerst und ich
   sage zu dir:

   Ich: *Du empfindest:*

   – „Das sehe ich ganz anders."   . . . .

   – „Da kann ich dir nicht zustimmen." . . . .

   – „Da bin ich aber ganz anderer

     Meinung."   . . . .

5. Tauscht eure Erfahrungen in der Gruppe aus:
   a) Am liebsten wäre mir, wenn alle gleicher Meinung wären.
   b) Es fällt mir sehr schwer, Meinungsverschiedenheiten aus
      zuhalten.
   c) Wenn aber der andere nun wirklich Unrecht hat?
   d) Der andere hat schon Recht, aber ich hab noch ein bisschen
      mehr Recht! (Und genau das denkt der / die andere auch!)

6. Voltaire, ein französischer Philosoph (1694–1778), sagte sinngemäß zu jemandem:

Ich bin überhaupt nicht Ihrer Ansicht,
aber ich werde alles tun,
damit Sie Ihre Meinung sagen können!

Informationen

1. Menschen haben verschiedene Ansichten und Meinungen, weil sie verschieden sind und verschieden „sehen". Das ist so und darf sein, weil sie jung oder alt, katholisch oder evangelisch, Deutsche oder Türken, Arbeiter oder Akademiker, weiß oder schwarz ... sind.

2. Die *Erfahrung* zeigt allerdings, dass sich Menschen gegenseitig die Ansichten streitig machen wollen – und es nicht ertragen, dies oder jenes so oder ganz anders zu sehen. Vermutlich haben sie Angst, mit ihrer Meinung *alleine* dazustehen oder abgelehnt zu werden. Und weil sie das nicht möchten oder aushalten können, passen sie sich an oder zwingen andere zum „Gleich-Sehen" und „Gleich-Meinen".

3. **Es gehört zur Würde des Menschen, dass er in seinen Ansichten und Meinungen ernst genommen wird,** aber auch, dass er durch seine Äußerungen niemanden verletzt oder schädigt. Dort hat die „freie Meinungsäußerung" ihre Grenzen. Das Grundgesetz ist beispielsweise hier ein wichtiger Maßstab und Wegweiser.

4. Schwierig wird es nur, wenn die Meinungen von Menschen gesetzeswidrig und unmenschlich sind ... Kann man sie dann akzeptieren oder tolerieren? Ansichten und Meinungen zu haben, kann man nicht verbieten („Gedanken sind frei!"),

aber wir können betroffen, bestürzt, schockiert … darüber sein. (Wir dürfen also Meinungen über Ansichten und Meinungen haben!) **Jedoch Handlungen / Tätigkeiten, die gesetzeswidrig und inhuman sind, die sind deutlich abzulehnen bzw. zu verbieten.**

Aufgaben

1. **Ein kleiner Rückblick auf deine bisherige Lebensgeschichte:**
   Welche Erfahrungen hast du mit unterschiedlichen Meinungen / Ansichten gemacht?

   a) *Zu Hause (Eltern, Geschwister):*
   So: „Deine Meinung zählt hier nicht. Hier habe ich das Sagen."
   Oder so: „Ah, interessant, was du da sagst; erzähl' mal …!"

   . . . .

   . . . .

   b) *Schule (Lehrer/innen / Mitschüler) …*
   So: „Das ist nicht richtig, was du da sagst."
   Oder so: „Über das, was du sagst, muss ich selbst erst mal nachdenken."

   . . . .

   . . . .

   c) *Freizeit (Freund / Freundin) …*
   So: „Immer du mit deinen blöden Ansichten. Ich kann sie schon gar nicht mehr hören."
   Oder so: „Ey, cool, was hast du denn anzubieten?"

   . . . .

   . . . .

71

2. Diskutiere in der Gruppe über folgenden „Unfall":
Du hast mit deinem Moped einen Unfall gebaut.
Wie ist die Meinung
a) von dir selbst als Verursacher?
b) deines Freundes, der den Unfall gesehen hat?
c) deines Mitschülers, der dich nicht ausstehen kann?
d) deines Vaters, als du ihm davon erzählst?
e) deiner Mutter?
f) des Rechtsanwaltes (ein Freund deines Vaters)?
g) deiner Freundin, als sie davon hört?

(Jede/r in der Gruppe übernimmt eine Rolle und spielt sie: Was sagt ihr, wie redet ihr miteinander? Zu welchen Ergebnissen kommt ihr?)

3. Einigt euch in der Klasse auf ein für euch wichtiges Thema:
a) Eine Gruppe diskutiert (Leitung: Lehrer/in oder Schüler/in)
b) Die anderen beobachten:
– Wer kann seine Meinung äußern?
– Wer unterbricht, wer wird unterbrochen?
– Wer lässt andere Meinungen gelten / wer nicht?
– Was sagen diejenigen, die Meinungen gelten lassen?
– Was sagen diejenigen, die Meinungen nicht gelten lassen?
c) Mit welchem Ergebnis endet die Diskussion?
d) Wie zufrieden / unzufrieden sind die Teilnehmer/innen . . . hinterher?

4. Was sagst du zu jemandem, dessen Meinung du akzeptieren, verstehen kannst?

. . . .
. . . .
. . . .

5. Was sagst du zu jemandem, dessen Meinung du nicht akzeptieren, verstehen kannst?

. . . .

. . . .

. . . .

6. Diskutiert in der Gruppe über folgende Beispiele:

a) Schüler/in sagt: „Ich bin der *Meinung*, dass ich im Kaufhaus klauen kann, denn die Erwachsenen tun es auch – und ich schade ja niemandem direkt. Die Versicherung zahlt den Schaden." – *Handlung:* Sie/er klaut …

b) Schüler/in sagt: „Ich bin der *Ansicht:* Wenn es in Deutschland keine Ausländer gäbe, dann bekäme ich bestimmt nach der Schule einen Arbeitsplatz." –
Handlung: Sie/er schreibt nachts an die Wand des Schulgebäudes: „Ausländer raus!"...

– Toleranz gegenüber der Meinung anderer?
– Ablehnung / Verhinderung der Tat?

10. „Du sagst ja gar nichts!"

Körpersprache ist auch eine Sprache

Beispiele

1. Eine Lehrerin erzählte mir:
   Ein Schüler, 8. Klasse Realschule, schlug einen Mitschüler so zusammen, dass dieser in ein Krankenhaus eingeliefert werden musste. Ich sprach mit dem Täter, aber das Gespräch verlief sehr einseitig. Ich bekam von ihm keinerlei Antwort, lediglich immer nur ein Schulterzucken, egal, was ich sagte oder fragte. Er war zu keinerlei Mitteilungen bereit.
   – Wie deutest *du* die *Mitteilung* (= Schulterzucken) des Schülers?

   . . . .

   . . . .

2. Mir haben Schüler/innen immer wieder auch nichtsprachliche Mitteilungen gegeben und ich musste sie deuten oder nachfragen: „Was meinst du denn damit?" Was würdest du, als Lehrer/in oder als Mitschüler/in, hinter folgenden körpersprachlichen Mitteilungen vermuten?
   – hinter vorgehaltener Hand gähnen
   – häufig auf die Uhr sehen
   – dich offen anschauen
   – dir den Rücken zeigen
   – sich am Kopf kratzen
   – die Augen schließen
   – den Kopf in die Hände stützen
   – die Füße auf die Bank legen

3. In der Zeitung erscheint ein Foto eines Politikers, der
während einer Bundestagsdebatte die Augen geschlossen hat
– darunter der Satz: Herr X pennt während der Arbeit!
– Was meinst du zu dieser Bemerkung?

. . . .

. . . .

. . . .

. . . .

. . . .

Überlegungen

**1. Untersuchungen haben ergeben, dass der Anteil der Körper-
sprache an der gesamten menschlichen Kommunikation
etwa 70% bis 80% beträgt.**
Die Gründe dafür liegen in unserer Entwicklungsgeschichte:
Die vorsprachliche Kommunikation war für das Leben, Zu-
sammenleben und Überleben von größter Bedeutung. Die
Verständigungszeichen haben sich (über die Muskeltätigkeit)
äußerst verfeinert und stark ausgeprägt, um beispielsweise
Nähe und Distanz, Zuwendung und Ablehnung, Freundlichkeit und Bedrohung, Angriff und Flucht zu signalisieren.
Denn sich durch Sprache verständigen, wie wir heute, das
konnten unsere „Vorfahren" ja damals noch nicht!

**2. Stell dir vor, du hättest noch keine Sprache, aber dein
jetziges Bewusstsein zur Verfügung.**
Wie würdest du dich in deiner Umgebung mitteilen / zurecht-
finden?

3. **Im Beispiel 1 hat der Junge die mündliche Mitteilung verweigert.**
   Was könnte der Grund gewesen sein, warum er nur körpersprachlich reagierte?

4. **Beispiel 3: Was kann man alles vermuten/deuten, wenn ein Mensch die Augen geschlossen hat?**

'5. **Was ist der Vorteil/Nachteil, dass wir uns auch körpersprachlich mitteilen können?**

Vorteile	*Nachteile*
. . . .	. . . .
. . . .	. . . .
. . . .	. . . .
. . . .	. . . .

Menschen sind oder werden sprachlos, weil sie beispielsweise
– wenig Gelegenheit bekommen haben zu lernen, wie man sich sprachlich ausdrückt.
– Angst haben, sich zu blamieren oder bloßgestellt zu werden.
– nicht gefragt werden und weil andere für sie sprechen.
– mundtot geredet worden sind.
– abgewertet und in ihrer Person missachtet wurden/werden.

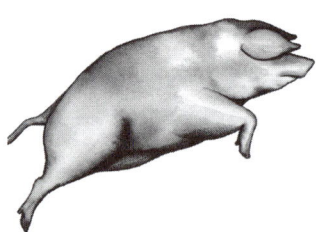

Informationen

Die Körpersprache hat folgende Signale und Ausprägungen:

Signale	*Ausprägungen*
Augenstellung / Blickkontakt	von offen bis geschlossen (Zustimmung – Ablehnung)
Gesichtsausdruck / Mimik	von angespannt bis entspannt
Stimme / Sprechweise	von laut bis leise, hoch bis tief hell bis dunkel, langsam bis schnell
Körperhaltung	von aufrecht bis zusammengesunken
Gestik	von ruhig bis heftig
Gang Beinstellung Armstellung	von langsam bis schnell von offen bis geschlossen von offen bis geschlossen / verschränkt

Hinzu kommen noch:

Nähe und Distanz	von weit bis nah
Aufmachung / Kleidung	von schick bis vergammelt

Bei der sprachlichen Kommunikation sind wir auf unsere Ohren angewiesen, bei der nichtsprachlichen auf unsere Augen. Hier gibt es drei Phasen:

- a) Du nimmst bestimmte Signale wahr / du *siehst* (z. B.):
  Jemand schüttelt den Kopf.
- b) Du *kennst* das Signal (= Übereinkunft): Er / sie meint Nein.
- c) Du *deutest* das Signal: Es könnte auch Zweifel sein.

(Körpersignale sind nicht eindeutig und sicher zu bestimmen. Häufig muss man also nachfragen: „Was meinst du denn, wenn du …?")

Aufgaben

1. Teile anderen mit:
- a) nur mit den Blicken: Sympathie
- b) nur mit der Mimik: Komm her!
- c) nur mit der Gestik: Bleib weg!
- d) nur durch die Körperhaltung: Angeberei

2. Teile den anderen jetzt durch den Einsatz *aller* körpersprachlichen Mittel mit:
- a) Gefühle: Freude, Angst, Bedrohtsein, Niedergeschlagenheit
- b) Befehle: Steh auf! – Verlass den Raum! – Komm her!
  Hilf mit!

3. Was kannst du am besten mitteilen?

- a) mit den Augen: . . . .
- b) mit der Mimik: . . . .
- c) mit der Gestik: . . . .
- d) mit der Körperhaltung: . . . .

4. Bilde eine Gruppe. Jede(r) von euch notiert *einzeln*:
Was drücke ich aus, wenn ich
a) mit den Schultern zucke, wenn mich jemand fragt: . . . . .

. . . .

. . . .

b) vor der Klasse die Arme verschränke: . . . .

. . . .

. . . .

c) während des Unterrichts aus dem Fenster gucke: . . . .

. . . .

. . . .

Vergleicht nun gegenseitig eure Einzelnotizen:
Welche Übereinstimmungen, welche Unterschiede könnt ihr
feststellen?

5. Bei der Körpersprache unterscheide bitte:
a) Was du beobachtest: fasst sich an die Nase, verschränkt
die Arme …
b) Wie das auf dich wirkt: nervös, verschlossen …
c) Was du denkst / interpretierst: er / sie hat Probleme;
will nicht mit mir reden …

6. Training:

Beobachte Personen (auf dem Gang, im Klassenzimmer, auf der Straße ...) und notiere:

ich sehe ...	... wirkt auf mich	ich deute / denke mir ...
runzelt die Stirn	mürrisch	mag mich nicht
. . . .	. . . .	. . . .
. . . .	. . . .	. . . .
. . . .	. . . .	. . . .

Probier nun die gleiche Übung bei Personen, die du hinterher ansprechen und befragen kannst:

a) Stimmt das, wie du auf mich wirkst ...
   und was ich deute ... mit dir überein?

ich sehe ...	... wirkt auf mich	ich deute / denke mir ...
. . . .	. . . .	. . . .
. . . .	. . . .	. . . .
. . . .	. . . .	. . . .

Die Antwort der Personen, die ich beobachtet habe:

Person A: . . . .
. . . .

Person B: . . . .
. . . .

Person C: . . . .
. . . .

11. „Mit dir kann man halt reden."

Merkmale guter Gespräche

Beispiele

1. Ich habe Schüler/innen befragt. In Gesprächen mit Lehrer/innen haben sie es immer toll gefunden, wenn sie zu ihnen (z. B.) sagten:
   - „Das hast du gut gemacht, du hast gut gearbeitet."
   - „Du bist auf dem aufsteigenden Ast."
   - „Das schaffst du schon; mach weiter so."
   - „Da hast du dich aber mächtig angestrengt."
   - „Du wirst uns aber fehlen."
   - „Euch fällt immer was Kreatives ein."
   - „Ich bin gerne Lehrer/in bei euch."

2. Gespräche waren geglückt, so meinten Jugendliche, wenn sie gekennzeichnet waren von
   (1) Interesse, Aufmerksamkeit, Zuhören
   (2) Freundlichkeit, Sympathie, Respekt, Rücksicht
   (3) Verständnis, Verstehen
   (4) Vertrauen, Ehrlichkeit, Offenheit
   (5) Toleranz, Akzeptanz
   (6) Argumentation, Sachlichkeit, Problemlösung
   (7) kritischer Auseinandersetzung
   (8) Humor, Lachen
   (Die Reihenfolge 1–8 drückt auch die Gewichtung aus, die die Befragten der Qualität von Gesprächen gaben.)

3. Mir fiel bei der Befragung auf:
   a) Lehrer/innen bezogen ihr Lob hauptsächlich auf die Leistung („Das hast du gut gemacht.") von Schüler/innen

und weniger auf persönliche Mitteilungen („Ich bin gerne bei
euch." Oder: „Wie geht's dir?").

    b) Schüler/innen wiederum fanden Gespräche gut, wenn die
       Lehrer/innen die Leistungen lobten – und sie erwarteten
       weniger, dass sie persönlich gelobt werden.

Überlegungen

1. Was ist für dich ein „gutes Gespräch" (wie im Beispiel 2):

    . . . .

    . . . .

    . . . .

**2. In eurer Klasse ist zur Zeit ein sehr schlechtes
(Gesprächs-)Klima:**
Überlege mit anderen:
a) An was liegt das?
b) Welche „Gesprächsblockaden" habt ihr entdeckt?
b) Was könnt ihr zur Verbesserung tun?

**3. Du hattest ein Gespräch mit einer Lehrerin / einem
Lehrer.**
Auf dem Heimweg denkst du: „Mit dem / mit der kann man
halt reden."
Was kommt dir in den Sinn: Wie hat sich die Lehrer/in, der
Lehrer verhalten?
(z. B. Hat lange zugehört; hat nicht gelabert …):

Das Gespräch war gut, weil . . . .

    . . . .

    . . . .

4. Welche der „10 coolen Tipps" sind für dich brauchbar?

  (1) zunächst mal tief durchatmen …
  (2) bis 5 (oder 10) zählen …
  (3) abwarten, zuhören …
  (4) „o.k., o.k., ist ja gut …"
  (5) sich entschuldigen (bei Unrecht)
  (6) einen Vermittler holen
  (7) Botschaften „übersetzen" und nachfragen
  (8) Verständnis zeigen
  (9) sich selbst klar äußern
 (10) lieber ein Gespräch beenden als weiterstreiten …

Informationen

1. Psychologen haben herausgefunden, dass Gespräche vor
   allem dann gut sind, wenn die Beteiligten Folgendes tun:

   – Sie haben Achtung und Respekt voreinander.
   – Sie sprechen klar und deutlich aus, was sie meinen.
   – Sie hören zu und lassen andere zu Wort kommen.
   – Sie bewerten die anderen nicht in der Person („Du bist …").
   – Sie nehmen Stellung zur Meinung anderer.
   – Sie sind einfühlsam sich selbst und anderen gegenüber.
   – Sie sagen auch wirklich, was sie denken.
   – Sie reden nicht über andere, sondern mit ihnen.

2. Gute Gespräche durchlaufen bestimmte Phasen:
   (1) Jede/r kommt zunächst zu Wort:
   „Ich bin der Meinung …" – „Ich habe Folgendes zu sagen …"
   (2) Jede/r kann an die anderen Klärungsfragen stellen:
   „Ich habe nicht verstanden …." – „Erklär mir bitte, was du meinst …"
   (3) Sichtwechsel ist immer hilfreich, vor allem in schwierigen
   Gesprächen:

„Stell dir mal vor, du bist ich ..." – „Wie würdest du an meiner Stelle handeln?"
(4) Jede/r kann Vorschläge, Tipps, Ideen einbringen:
„Ich schlage vor ..." – „Wie wär's denn ‚wenn ..."
(5) Es werden Vereinbarungen getroffen:
„Wir machen Folgendes aus ..." – „Wir stimmen ab ..."
(6) Jede/r kann sagen, wie es ihm / ihr während des Gesprächs ergangen ist:
„Mir ging's so ..." – „Beim nächsten Mal möchte ich ..."

3. Gute Gespräche zeichnen sich also dadurch aus, dass
    a) die einzelnen Personen zu Wort kommen und dass das, was sie sagen, ernst genommen und nicht abgewertet wird
    b) die *Sachen / Inhalte / Themen* besprochen werden und dass man Lösungen erreicht
    c) die Beziehungen (Kontakte, Gespräche ...) untereinander fair bleiben und dass Meinungsverschiedenheiten geklärt werden.

Aufgaben

1. **Sprich mit anderen in der Gruppe über deine / eure bisherigen Erfahrungen:** Wir fanden ein Gespräch gut, wenn ...

    . . . .

2. **Erinnere dich an Sätze, die du in Gesprächen gehört hast und die du gut findest:**
    a) von deinen Eltern (z. B. Vater: „Danke, dass du mir geholfen hast.")
    Oder: . . . .

    . . . .

b) von deinen Mitschüler/innen (z. B.: „Du bist schwer in Ordnung!")
   Oder: . . . .

   . . . .

c) von deinen Lehrer/innen (z. B.: „Prima; mach weiter so!")
   Oder: . . . .

   . . . .

3. Du merkst, dass andere dich im Gespräch schlecht behandeln:

dich nicht ausreden lassen, dich unterbrechen, alles Quatsch finden, was du sagst … Probier mal zu sagen, was dir nicht gefällt und behaupte dich (allerdings ohne selbst das, was andere sagen, zu „blockieren"!):

z. B.: „Du unterbrichst mich dauernd; jetzt möchte ich reden." – „Alles, was ich sage, findest du blöd.
Bitte hör auf damit …"

a) zu deinem Vater: . . . .

b) zu deiner Mutter: . . . .

c) zu einem Mitschüler: . . . .

d) zu deinem Freund: . . . .

e) zu deiner Freundin: . . . .

f) zu einem Lehrer: . . . .

g) zu einer Lehrerin: . . . .

4. Und dann notiere, was du alles als „Antwort" zurück-bekommst

(schweigen, kontern, angreifen, sich entschuldigen, beleidigt reagieren, Verständnis zeigen, weggehen …).

12. „Lass mich endlich in Ruhe!"

Über Grenzen des Gesprächs

Beispiele

1. Eine Schülerin sagt zu mir: „Herr Miller, können Sie mir nicht helfen? Die Lehrerin X löchert mich total; fragt dauernd, wie's mir geht und ob was zu Hause los ist. Die soll' mich doch in Ruhe lassen!"

   – Kennst du das: Dich nervt eine(r) durch dauerndes Gerede …, Nachfragen, Aushorchen?

2. Ich beobachte ein Gespräch, in dem ein Lehrer einem Schüler klarmachen will, wie faul dieser sei und dass er mehr lernen müsse, sonst …
   Auf meiner Stoppuhr lese ich ab:
   Sprechzeit Lehrer: 6 Min / 40 Sek –
   Sprechzeit Schüler: 2 Min / 25 Sek

   – Kennst du das: Dauernd redet jemand auf dich ein …?

3. Neulich sagte ich zu jemandem, der gar nicht mehr aufhörte zu reden:
   „Moment, ich muss Sie jetzt unterbrechen. Mir wird's einfach zu viel …"

   – Was vermutest du: Wie war seine Reaktion?

4. Du möchtest wirklich nicht mehr reden. Was sagst du? (z. B. zu deinem Vater / deiner Mutter / deinem Mitschüler / deinem Lehrer):

. . . .

. . . .

. . . .

. . . .

5. Immer wieder beobachte ich: Die einen reden, reden, reden, die anderen hören – nur äußerlich – zu, denn sie
 – schauen auf die Uhr, blicken weg,
 – gehen körperlich auf Distanz,
 – spielen mit Gegenständen
 – … und es fällt ihnen sehr schwer zu sagen, dass sie nicht mehr reden möchten.

Überlegungen

1. Wenn du deine Ruhe haben möchtest:
Wie schwer fällt es dir, das mitzuteilen („Man" darf doch nicht unterbrechen … „man" muss doch höflich bleiben; was könnte der / die andere denken …?)

Deine Erfahrungen: . . . .

. . . .

2. Wie denkst du darüber: Was ist fairer?
 a) Zuhören, obwohl du gar nicht mehr innerlich dabei bist (also so tun, als ob …)
 b) Sagen, was du sagen willst (also offen und ehrlich sein)
 c) Je nach Situation abwägen: Was kannst du dir selbst und dem anderen zumuten?

3. Wie geht es dir, wenn zu dir jemand sagt:
„Du, ich kann nicht mehr zuhören, ich möchte jetzt das
Gespräch beenden."
– Ich fühle mich beschissen.
– Ich find's ehrlich.
– Ich . . . .

. . . .

. . . .

4. „Lass mich in *Ruhe*!"
– damit meine ich auch, dass gute Gespräche geführt werden
können, wenn bestimmte Voraussetzungen gegeben sind:
Ruhe, kein Stress, keine Hektik, Entspannung, genügend Zeit ...
Was brauchst du vorher, wenn du gute Gespräche führen
willst?
(z. B. Zeit zum Überlegen; Ratschläge von anderen …)

. . . .

. . . .

**5. Wann ist es sinnlos, ein Gespräch weiterzuführen – und
sinnvoll, es zu beenden?**

. . . .

. . . .

. . . .

Informationen

1. In Gesprächen haben die beteiligten Personen Absichten, Erwartungen, Wünsche …

   > – Ich möchte etwas (ganz Wichtiges) sagen: Hör mir zu!
   > – Ich möchte mich selbst darstellen: Bewundere mich!
   > – Ich bin wichtig. Nimm mich ernst!
   > – Mir machts's Spaß: Freu dich mit mir!
   > – Ich brauche dich: Bleib da!
   > – Ich habe ein Problem: Hilf mir!
   > – Ich bin am Ende: Ich brauche dich!

2. Wenn diese – offenen oder versteckten – Botschaften nicht gehört werden oder wenn das Gespräch abgebrochen wird, dann stellt sich oft Enttäuschung ein, verbunden mit einer Reihe von Fantasien:
   – Der/die andere mag mich nicht (mehr).
   – Ich bin nichts wert.
   – Ich bin nicht liebenswert.
   – Ich werde allein gelassen.

3. Wenn du ein Gespräch führst, so frage dich:
   – Warum möchte ich ein Gespräch führen?
   – Bin ich dazu in der Lage (stressfrei, ruhig, vorbereitet …)?
   – Wie geht's mir selbst?
   – Was kann ich den anderen geben, aber auch zumuten?
   – Wie viel kann ich selbst noch leisten?
   – Wie viel Zeit habe ich?
   – Was ist mir angenehm/unangenehm?
   – Wie finde ich Grenzen – und wie sage ich sie?

4. Ein Gespräch kann man nicht erzwingen. Überlege bitte:
   Wenn dir ein *Gespräch aufgezwungen* wurde:
   Wie hast du *bisher* reagiert?

   . . . .
   . . . .
   . . . .
   . . . .
   . . . .
   . . . .

Aufgaben

1. Jemand belabert dich und redet auf dich ein.

Was kannst du sagen/tun, damit das Gespräch beendet wird?

Ich sage:	*Ich tue:*
„Lass mich in Ruhe!"	Ich schaue ihn/sic nicht . mehr an.
„Hör bitte auf!"	Ich stehe auf und gehe …
. . . .	. . . .
. . . .	. . . .

2. Spielt in der Gruppe folgende Gesprächssituation:

A redet und redet, B will aufhören …

3. Wann ist für dich ein Gespräch beendet?

Wann möchtest du *unbedingt* noch weiterreden?

. . . .
. . . .

4. Und zum Schluss: Du möchtest ein gutes Gespräch führen und weißt schon im Voraus, dass es schwer werden wird.
Was tust du alles, um dich vorzubereiten?
a) Ich höre Musik, um mich zu beruhigen.
b) Ich mache mir Stichpunkte.
c) Ich rede darüber mit …
d) Ich führe Selbstgespräche.

e) Ich . . . .

   . . . .

f) Ich . . . .

   . . . .

Und nun: Alles Gute für dich bei deinen Gesprächen – und viel Freude, wenn du Neues bei dir und anderen entdeckst!

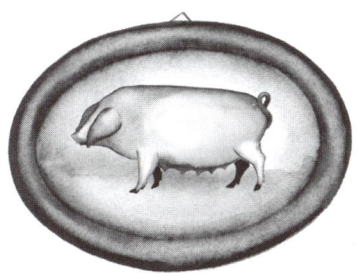

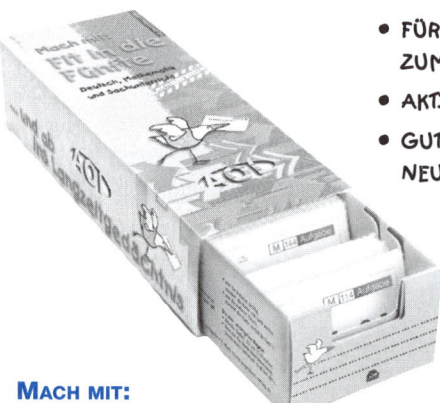

Reg dich ab, Mama!

Rosie Rushton
Reg dich ab, Mama!
192 Seiten
3-570-12391-X

Die Geschichte von fünf leidgeprüften Teenies. Sie alle haben die schlimmsten Eltern, die man sich nur vorstellen kann: Sei es die Mutter, die peinlicherweise noch Miniröcke trägt oder der Vater, der einen nicht in die Disko lässt. Das kann man einfach nicht mitmachen, da hilft nur ein entschiedenes »Reg dich ab, Mama!«

Rosie Rushton
Ich glaub, ich krieg 'ne Krise!
192 Seiten
3-570-12433-9

Die wichtigste Frage im Leben der fünf Teenies:
Wie krieg ich endlich meinen ersten Freund. Das größte Problem: Meine Eltern haben ihre Midlife-Crisis!
Bei so viel Stress kann man nur noch sagen:
Ich glaub, ich krieg 'ne Krise!

Rosie Rushton
Halt dich da raus, Mama!
192 Seiten
3-570-12431-2

Müssen sich Eltern denn überall einmischen! Kaum ist man auf Erfolgskurs beim richtigen Mädchen, kommt einem der Vater dazwischen. Steckt man seine ganze Energie in die Schauspielkarriere, hat man wochenlang Zoff mit der Mutter. Da gibt's nur eine Wahrheit und die lautet: Halt dich da raus, Mama!

C. Bertelsmann
Jugendbücher

Forrest Carter
Der Stern der Cherokee
320 Seiten

Als er fünf Jahre alt ist, verliert der Cherokee-Junge Little Tree
seine Eltern. Granpa und Granma nehmen ihn zu sich in ihre
kleine Waldhütte. Behütete und aufregende Jahre zugleich
beginnen für Little Tree. Von Granpa lernt er die indianische
Lebensart und den Umgang mit der Natur. Doch dann schicken
verständnislose Behörden den Jungen in ein Waisenhaus. Nur der
Stern der Cherokee ist in dieser Zeit sein Trost, weiß Little Tree
doch, dass er sich bei ihm in Gedanken mit seinen Großeltern
treffen kann.

BERTELSMANN
Jugendbücher

„leichter lernen"

Kompakt, übersichtlich, verständlich –
der schülerfreundlich aufbereitete Lernstoff für die
Sekundarstufe. Zum Immer-wieder-Nachschlagen,
zum Wiederholen, zum Überblick Bewahren.

**Jeder Band 96 Seiten. Zweifarbig gestaltet und illustriert.
Weitere Titel in Vorbereitung.**

Der Taschenbuchverlag
für Kinder und Jugendliche
von Bertelsmann